二の腕・お腹・足！

超集中ダイエット

やせて見えるところだけ！

著者 トレぴな

監修 玉置達彦

KADOKAWA

Who is Torepina??

はじめまして、トレぴなと申します！

誰でもすぐにおうちでできる
「楽しいダイエット」について発信しています！
私のダイエットは、見た目が変わっていき、自分に自
信が持てる、少しキツくてもちゃんと結果が出るのが
「楽しいダイエット」だと思っています。

「どうしてやせたいのか」
自分ととことん向き合ったら
私なりのペースや頑張り方で
できるようになってきたんです。
そうやって、なりたい自分に
生まれ変わろうとした結果……、

昔の私は、ぽっちゃりした見た目が
コンプレックスで自信が持てません
でした。
そんな自分を変えたくて、
ダイエットを決意！
でも、挫折と失敗の繰り返しで
あきらめようとしたことも……。

身長150㎝でMAX48kgあった体重が約10ヶ月で39kgになり、

マイナス9キロのダイエットに成功！

体重が減ったこともうれしかったですが、1番うれしかったのは

やせて見た目が変わり、自分に自信が持てるようになったことです。

体重だけではなく、見た目にもやせていくことが分かる方法で

「楽しいダイエット」をスタートさせましょう！

4

なりたい自分になれるように

私と一緒に

頑張ろう！

Let's go!

CONTENTS

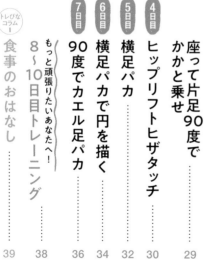

Try your best!

Go Go!! ⇒3

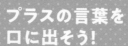

Point 03

毎日頑張らなくてもOK！

目標に向かって毎日頑張るのはとってもすごいことだけど、休むこともダイエットを成功させる上では、とても大切なこと。自分の体調や心と相談しながら、出来る日に少しずつ頑張っていこう！　頑張れる日数を少しずつでも増やしていくことがポイントだよ。

Point 04

プラスの言葉を口に出そう！

ダイエットをしていると、「自分なんてダメだ」「結局やせられないかも」などとネガティブな感情にとらわれがち。逆に、「私は出来る」「もっとキレイになる」というポジティブな言葉は口に出すことで現実になっていく！　プラスの言葉でモチベーションを高めていこうね。

05

完璧を求めなくてOK!

　ダイエットをすることは決して当たり前なことじゃないし、やらなくても良い。だけど、自分を変えようとしてることが意識が高くてすごい！ ゆるく継続していくことが1番大切だよ。頑張りすぎずに楽しくダイエットをしていきましょう！

06

Point

日常生活での動きもトレーニングの一巻!

　家でやるトレーニングだけでなく、日常的におこなっている動きもダイエットに取り入れてみよう。例えば、エスカレーターを使わずに、階段を使う！ とか、背すじを伸ばした姿勢を意識するとか。日々の積み重ねが、いずれ大きな結果に繋がるよ！

比較するのは
まわりじゃなくて過去の自分！

ダイエットをしていると、まわりにいる人と比較してしまうことってよくあるよね。昔私もそうでした。だけど大切なのは、ダイエットをする前の過去の自分と比較して、いい変化を見つけること。毎日自分の写真を撮って記録して、見比べてみて。頑張るあなたは確実にステキになってるはずだよ！

1日かけて
水分をこまめにとろう！

ダイエットをする上で、水分を適度に摂取することはとても大切。水分をこまめにとると血行がよくなって、代謝もアップするよ！ ダイエットにも美容にもメリットがたくさんだから、1日2ℓを目標に水分をとることを心がけてみよう！

本書の見方

コース紹介ページ

1〜4章で紹介するトレーニングプログラムの全体
（7日間分）が分かります。

③
もういちどアイコン

「もういちど」がついているものは、前の日までにおこなったことがあるものです。

④
8〜10日目
トレーニング

7日間を終えて、もう少し頑張りたい方向けに用意したトレーニングプログラムです。

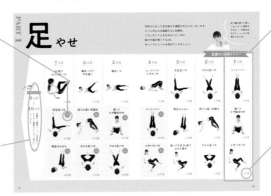

①
◯日目の
トレーニング

その日のトレーニングの一覧がここで確認できます。

②
ページ移動

トレーニングの詳細が紹介されているページです。

トレーニングページ

各日、行うトレーニングの手順やポイントを詳細に解説しています。1日目〜7日目まで見たままマネしていくだけで OK です。

③
トレぴなPoint

トレーニングで大切にしたいことなどトレぴなさんの視点で紹介しています。

④
NGポイント解説

姿勢で動きなどの NG ポイントや注意点を紹介します。

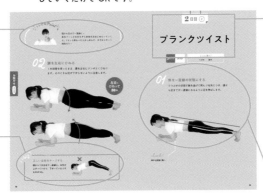

①
日数・トレーニング名

トレーニングの日数とトレーニング名、時間、効く部位などを紹介しています。
「もういちど」で登場するトレーニングや8〜10日目では回数などを増やして、負荷を高めて紹介しています。

②
トレーニング手順

トレーニングの手順とやり方です。

仰向けになって足を動かす運動を中心におこないます。
とくに内ももを意識すると効果的。
ただしキツイときはゆるいテンポや、
動かす幅が狭くてもOK。
ゆっくりとレベルを高めていきましょう。

足で踊る感じで楽しくおこなうと長続きするよ！ 呼吸を忘れずに。しっかり休憩も入れてね。

足やせ1週間メニュー

4日目	3日目	2日目	1日目
ヒップリフト ヒザタッチ	交互足パカ	クロス足パカ	トントンパッ

≫P30	≫P26	≫P20	≫P16
トントンパッ もういちど	両足ぶらぶら	四つん這い足踏み	座って ヒザ縦あわせ

≫P16	≫P28	≫P22	≫P18
ヒザパタパタ もういちど	座って片足90度で かかと乗せ	カエル足パカ	ヒザパタパタ

≫P19	≫P29	≫P24	≫P19

PART 1

足やせ

もっと頑張りたい
あなたへ!

+3日間プログラム

8日目
〜
10日目

足やせ1週間メニューを完走し、もう少し頑張りたい方へ向けたコースです。

≫P38

7日目
90度でカエル足パカ

≫P36

交互足パカ もういちど

≫P26

両足ぶらぶら もういちど

≫P28

6日目
横足パカで円を描く

≫P34

四つん這い足踏み もういちど

≫P22

カエル足パカ もういちど

≫P24

5日目
横足パカ

≫P32

座ってヒザ縦あわせ もういちど

≫P18

クロス足パカ もういちど

≫P20

トントンパッ

1セット	20回

ここに効く！

股関節　太もも　お腹

01 両足をトントンと2回タップ

仰向けになり両足を伸ばした状態で上げ、かかとでトントンとリズムよく2回タップします。きついときはゆるいテンポでOK。

トン
トン

check!

足は床に対して
垂直に上げましょう。

★∴トレぴなPoⅰⁿt∴★

足は少しガニ股ぎみにするとさらにGOOD ！ ヒザ
は無理に伸ばししきらなくても大丈夫。好きな音楽をか
けて足で踊ろ〜！

02 両足を左右にパッと開く

2回叩き終えたら、両足を股関節から左右にパッと広
げ、ゆっくりと足を閉じます。1〜2を「トントン、
パッ」とリズムよく、20回を目標に繰り返します。

パッ！

check!

無理して大きく開か
なくても、できるとこ
ろまででOK。

トントン
パッ！を
20回

座って
ヒザ縦あわせ

左右 それぞれ	30秒ずつ

ここに効く！
お尻　太もも

30秒 キープ

足を組んで前かがみに

座った状態で両足を曲げ、左足を上、右足を下にして足を組み、ヒザが縦に一直線になるように揃えます。両手を床について前かがみになり、その状態をキープして、お尻と外ももを伸ばします。次に足の上下を入れ替えて同じように姿勢をキープします。

check!

右と左のヒザが縦に
一直線に並ぶように。

×**背中を丸めないようにする**

背中を丸めると、骨盤が後ろに傾いて効果が半減…！　背すじを伸ばして、骨盤を立てることを意識して！

ヒザ パタパタ

左右あわせて	20回	ここに効く！ 股関節　太もも

01 右ヒザを内側に倒す

座った状態で体を後ろに倒し両手で支えます。ヒザを90度に曲げて足を開き、そこから右足を内側に倒し床につけます。

90度

check!

ヒザは90度曲げましょう。

左右交互に
20回

02 反対側へ倒す

右足を戻すと同時に、今度は左足を内側に倒して床につけます。左右交互にパタパタと合計20回倒します。

クロス足パカ

左右あわせて	20回

ここに効く！

股関節　太もも　お腹

01 足を左右に無理なく開く

仰向けの状態で足を揃えて垂直に上げ、股関節に痛みが出ない無理のない程度に左右に開きます。そこから勢いをつけて足を閉じていきます。

check!

キツイ人は足をできる
範囲で開きましょう。

トレぴな Point

深くクロスするとさらに内もものお肉を脂肪燃焼させられるよ！　そのときに、息をフーッと吐いて呼吸をするのも忘れずに！

左右交互に
20回

check!

右足と左足が交互に
クロスするように。

02　足をクロスさせる

両足が近づいたら、右足を手前にして足をクロスさせます。十分にクロスしたら足を開いて1の状態まで戻し、今度は左足を手前にして足をクロスさせます。これを交互に20回繰り返します。

四つん這い足踏み

左右 あわせて	30回

ここに効く！
太もも　　ふくらはぎ

01 かかとを上げヒザを前に出す

手は肩幅に、足は軽く開いた状態で四つん這いになり、手と足をピンと伸ばし、お尻を天井に向かって上げます。その状態から左足のかかとを上げて、ヒザを前に出しています。

check!

お尻は天井に向けて上げ、
下がらないように注意。

両足も肩幅に開くと効果アップ。お尻をプリッと上に
突き出すイメージで。メリハリをつけて自分のペース
でやってみよう！

左右交互に
30回

check!

足を戻すときは
かかとまでしっかり
床につけるとより効果的。

02 左右交互に足踏みする

前に出したヒザを戻し、反対側の足のかかとを上げて、
ヒザを前に出します。1～2を交互に30回、足踏み
するように繰り返します。

カエル足パカ

1セット	30回

ここに効く!
股関節　太もも　お腹

01 足の内側をぴったりくっつけて足を上げる

仰向けの状態で両足を上げ、両足の内側をぴったりと
あわせたままヒザを直角に曲げます。

check!

ヒザをできる限り内にしめて
スタンバイ。

トレぴなPoint

足裏同士を常にあわせたまま押し合ってね～！
足を曲げたとき、伸ばしたときは1秒キープでメリハリ命。
太ももの脂肪を燃焼して隙間を一緒に作ろ～！

02 ヒザを左右にパッと広げる

両足をあわせた状態で、ヒザを左右にパッと開きます。
できるところまで開いたら足を1の状態に戻し、1～
2を30回繰り返します。

30回

check!

内ももを意識するとよ
り効果があるよ。

交互足パカ

左右あわせて	**30回**

ここに効く！
股関節　太もも　お腹

01 右足をパカッと開く

仰向けの状態で足を垂直に上げます。左足をしっかり
固定したまま、右足を右にパカッと開き、ゆっくりと
戻します。

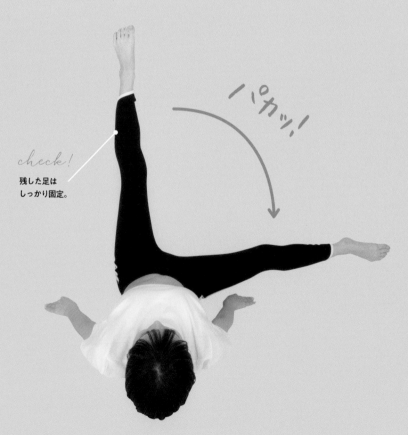

パカッ！

check!

残した足は
しっかり固定。

トレぴなPoint

残した足はなるべくブレずにキープ！
上半身がつられて動かないように腹筋に力を入れて軸
をしっかり保つように頑張ろう。

02 反対側の足も同じように開く

次に右足をしっかり固定したまま、左足を左側にパ
カッと開き、ゆっくりと戻します。

左右交互に
30回

パカッ!

check!

足を戻すときは
ゆっくり。

27

**3日目 ②**

両足
ぶらぶら

1セット	**30**秒

ここに効く！
股関節　下半身全体

体の力を抜いて足をぶらぶらさせる

仰向けの状態で両足を垂直に上げ、力を抜いて足全体をぶらぶらとゆすります。足首を意識して全体を揺らすのがポイント。

30秒

check!

足を上げるのがキツイ
場合は足を下ろした状
態でおこなっても OK。

座って片足90度で かかと乗せ

左右それぞれ 30秒ずつ

ここに効く！
股関節　太もも

足を90度に 曲げて重ねる

座った状態で右足を外側に90度曲げ、左足を同じように90度曲げて、右ヒザの上に乗せます。上半身を両手で支えたまま、その姿勢を30秒キープ。次に右足と左足を入れ替えて30秒キープ。

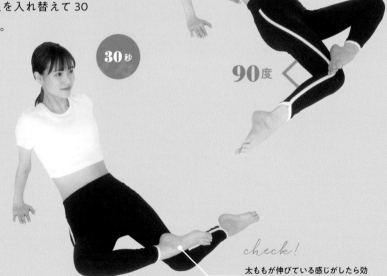

30秒

90度

30秒

check!

太ももが伸びている感じがしたら効いている証拠。上に乗せる足の位置をずらして調節してみよう。

5日目 ①

横足パカ

左右それぞれ	30回ずつ

ここに効く！
お尻　太もも

01 横向きに寝て片足を宙に浮かせる

横向きに寝て、頭を手で支え、下の足を軽く曲げてバランスを取ります。その状態で上の足をまっすぐに伸ばし、宙に浮かせます。

check!

体が揺れると効果が半減するので軸はガッチリ固定。

02 足を持ち上げて元に戻す

太もものつけ根から足を持ち上げて、元に戻します。この上げて下げてを30回。体の向きを変え、反対側の足も同様に。

上げて下げてを
30回

5日目 ②

座って
ヒザ縦あわせ

左右それぞれ	30秒ずつ
ここに効く!	
お尻　太もも	

30秒キープ

足を組んで前かがみに

座った状態で両足を曲げ、左足を上、右足を下にして足を組み、ヒザが縦に一直線になるように揃えます。両手を床について前かがみになり、その状態をキープ、お尻と外ももを伸ばします。次に足の上下を入れ替えて同じように姿勢をキープします。

詳細は ≫ P18

5日目 ③

クロス足パカ

左右あわせて	30回
ここに効く!	
股関節　太もも　お腹	

左右交互に 30回

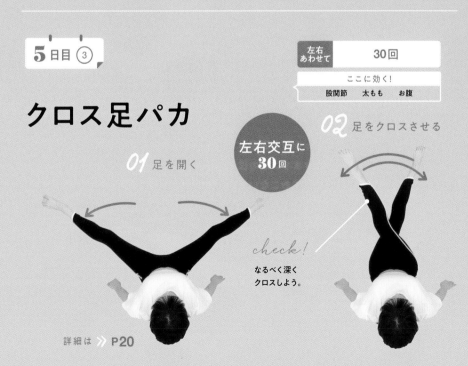

01 足を開く

02 足をクロスさせる

check!

なるべく深く
クロスしよう。

詳細は ≫ P20

90度で カエル足パカ

1セット	20回

ここに効く!
股関節　太もも　お腹

01 足を曲げて 宙に浮かせる

座った状態で体を後ろに倒し、手で支えます。その状態で足を揃え、90度に曲げた状態で宙に浮かせます。

90度

check!
閉じるときに内ももに効かせるイメージで。

02 足の開閉を繰り返す

足裏をあわせたまま、ヒザを開いて1秒キープ。その後、足を閉じます。この開いて閉じてを20回繰り返します。

パカッ!

開いて
閉じてを
20回

7日目 ②

左右あわせて	40 回
ここに効く！	
股関節　太もも　お腹	

交互足パカ

01 **右足をパカッと開く**

仰向けの状態で足を垂直に上げます。左足をしっかり固定したまま、右足を右にパカッと開き、ゆっくりと戻します。

02 **反対側の足も同じように開く**

次に右足をしっかり固定したまま、左足を左側にパカッと開き、ゆっくりと戻します。

左右交互に
40回

詳細は ≫ **P26**

7日目 ③

1セット	30秒
ここに効く！	
股関節　下半身全体	

両足ぶらぶら

**体の力を抜いて
足をぶらぶらさせる**

仰向けの状態で両足を垂直に上げ、力を抜いて足全体をぶらぶらとゆすります。足首を意識して全体を揺らすのがポイント。

詳細は ≫ **P28**

8〜10日目トレーニング

足をもっとスッキリさせたい方にチャレンジしてもらいたいメニューです。
7日間のすぐあとに続けると太ももがキツイ！　でも効くんです。

10日目

クロス足パカ

深めにクロスしよう！

左右あわせて
30回

詳細は ≫ P20

交互足パカ

左右あわせて
40回

詳細は ≫ P26

カエル足パカ

1セット
30回

詳細は ≫ P24

9日目

ヒザパタパタ

左右あわせて
20回

詳細は ≫ P19

四つん這い足踏み

足を肩幅に開いて。

左右あわせて
30回

詳細は ≫ P22

ヒップリフトヒザタッチ

1セット
30回

詳細は ≫ P30

8日目

横足パカ

左右それぞれ
40回ずつ

ゆっくり上げ下げしよう！

詳細は ≫ P32

横足パカで円を描く

左右それぞれ
40秒ずつ

詳細は ≫ P34

90度でカエル足パカ

1セット
30回

詳細は ≫ P36

how to eat
食事のおはなし

私の発信のメインテーマは、トレーニングやストレッチですが、バランスのよい食事を食べることも大切にしています。おいしいご飯は我慢したくないじゃん！

トレぴなの 食事について

今のダイエットと体型にたどり着くまで、多くのダイエットを試して失敗と挫折を繰り返してきました。よく見かける「水だけダイエット」や「食べないダイエット」など我慢ばかりで常に空腹との戦い、そんな極端すぎる方法をにもたくさんチャレンジしてきました。

失敗と挫折を繰り返した私がダイエットを楽しく継続出来た方法。それは『きちんと食べるダイエット』です。健康な体があってこそのダイエット。栄養ある食事を食べ

て元気な体を作ることが見た目もよくキレイにやせるには必須だなと実感しました。

実際に成功したダイエットの最中に意識して食べていたのは鶏肉などのタンパク質、食物繊維たっぷりの野菜です。そして、今も必ず毎日食べているもの。それは『お酢納豆』です。お酢は腸内環境改善や脂肪燃焼のサポートをしてくれると聞いてお酢納豆のとりこになってます（笑）。みそ汁にもお酢をかけるのですが、かけ過ぎるとむせちゃうのでそこは注意！

トレぴなの よく食べるおいしい食事

梅スープ、豆腐と野菜
の味噌チーズグラタン

わかめと玉子の
オートミール雑炊

オオバコの
抹茶ケーキ

オオバコは
ネットの
通販サイトで
いつも購入
しているよ♪

うまく手を抜きながら
自分で料理して
おいしく食べてるよ！

腹筋を鍛えて、ぽっこりお腹を解消する運動です。トレーニングに必要な時間は1日4分程度ですが、効果は◎。最初はきついですが、毎日続けることが大切なので、自分のペースで無理なくできる範囲で頑張りましょう。

キツいときは、なりたい自分の姿や、やせたら着てみたい服などをイメージしてみよう。

お腹やせ1週間メニュー

4日目	**3**日目	**2**日目	**1**日目
プランク	ニートゥー		
		レッグレイズ	バイシクルクランチ
≫P54	≫P50		
バイシクルクランチ もういちど	足浮かせクロス	≫P46	≫P42
≫P42	≫P52	プランクツイスト	リバースクランチ
レッグレイズ もういちど	チョンチョン		
≫P46	≫P53	≫P48	≫P44

40

PART 2

お腹やせ

もっと頑張りたい
あなたへ！

+3日間プログラム

8日目
〜
10日目

お腹やせにラストスパートをかけたい方へ向けたコースです。

≫P62

7日目

バタ足

≫P60

足浮かせクロス もう いちど

≫P52

プランク もう いちど

≫P54

6日目

90度クランチ

≫P58

プランクツイスト もう いちど

≫P48

チョンチョン もう いちど

≫P53

5日目

カエル足クランチ

≫P56

リバースクランチ もう いちど

≫P44

ニートゥー もう いちど

≫P50

バイシクル クランチ

左右 あわせて	**30回**	ここに効く!
		くびれ　下腹

01 体をひねって左ヒジと右ヒザを近づける

仰向けになって足を伸ばし、頭を両手で支えます。その状態から右足を曲げ、体をひねって左ヒジに近づけます。このとき左足はピンと伸ばします。

check!

曲げた方の足は胸元まで引きつけると効果的。

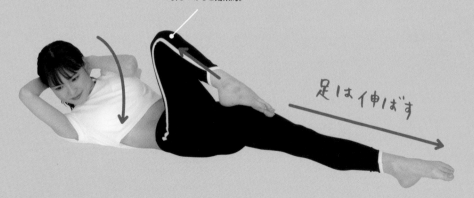

足は伸ばす

★☆。 トレぴな Point ₛₛ。⁺

お腹をしっかりとねじって動かすことができれば最高！　呼吸は止めずに行い、体をひねるときに息を吐こう。

02 反対側のヒジとヒザを近づける

体を戻したら、今度は左足を曲げ、左ヒザを右ヒジに近づけます。自転車を漕いでいるイメージでおこなうと○。

左右交互に
30回

check !

しっかり体をひねりながら足を引きつけると、くびれができて下腹にも効きます。

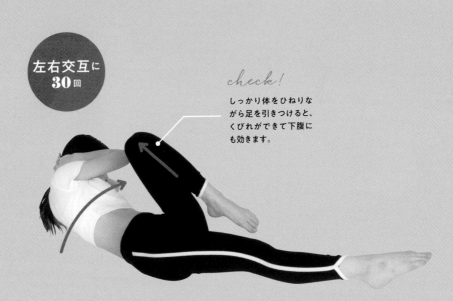

レッグレイズ

1セット	15回

ここに効く!
下腹

01 仰向けになり足を持ち上げる

仰向けになって、体の横に両手を少し離して置きます。
上半身を固定したまま、両足を伸ばした状態でできる
限り足を上に引き上げます。

check!
お腹に力を入れて足を
上下させる。

両足を揃えたままお尻が浮くくらいのところまで、足を持ち上げて床ギリギリまで下ろすのが大事。常にお腹に力を入れて動かせればOK！

02 息を吐きながら足を戻す

息を吐きながらゆっくり足を元に戻し、床ギリギリで止めます。1～2の動作を15回繰り返します。

check!

息を吐くときは、お腹から出す感じで。

上げて下げてを **15回**

NG

動作をひとつひとつ丁寧に行う

反動を使わず、上半身は固定したまま動かします。腰の力で足を上げないようにすることが大事です。

ニートゥー

1セット	30回

> ここに効く！
> 下腹　くびれ

01 両足を曲げて浮かせる

床に腰を下ろし、両手を左右について体を支えます。
その状態から両足を軽く曲げて浮かせます。

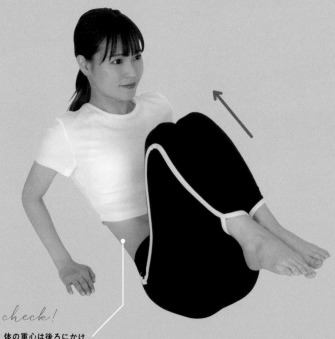

check!

体の重心は後ろにかけておこなう。

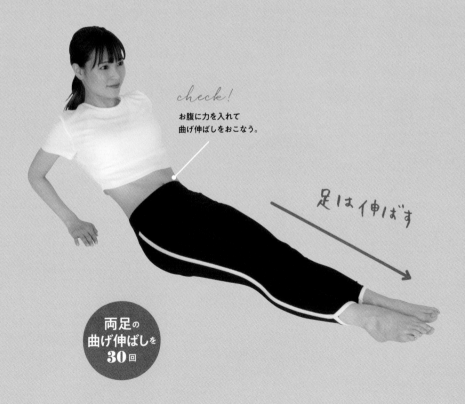

体の後ろに手をついて重心は少し後ろ。常に足を浮か
せたまま胸にヒザを引き寄せて戻すを繰り返すよ！
上体はなるべく動かさずに固定できたら GOOD ！

02 足をまっすぐ伸ばす

1の状態から、足を水平にまっすぐ伸ばし、十分に伸
びたところからヒザを引き寄せて戻します。1 〜 2 を
テンポよく 30 回おこないます。

お腹やせ

3日目

check!

お腹に力を入れて
曲げ伸ばしをおこなう。

足は伸ばす

両足の
曲げ伸ばしを
30回

今日もトレーニングを頑張るみんなはえらい！頑張る自分をたくさん褒めてあげよう♪

プランク

3セット 30秒

ここに効く！
お腹全体

体を一直線の状態にする

うつぶせの状態で腕を曲げて両ヒジを床につき、頭から足までが一直線になるように足を伸ばします。その状態を30秒キープします。

30秒キープ

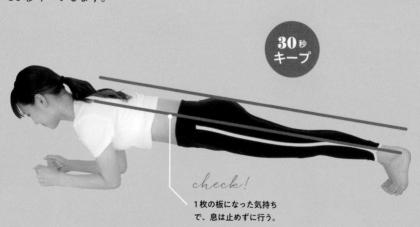

check!
1枚の板になった気持ちで、息は止めずに行う。

左右
あわせて　**40** 回

ここに効く！
くびれ　下腹

バイシクルクランチ

01 体をひねってヒジと足を近づける

仰向けになって足を伸ばし、頭を両手で支えます。その状態から右足を曲げ、体をひねって左ヒジに近づけます。このとき左足はピンと伸ばします。

02 反対側のヒジとヒザを近づける

体を戻したら、今度は左足を曲げ、右ヒジに近づけます。自転車を漕いでいるイメージで行うと○。

詳細は ≫ **P42**

1セット　**20** 回

ここに効く！
下腹

レッグレイズ

01 仰向けになり足を揃える

仰向けになって、体の横に両手を少し離して置きます。上半身を固定したまま、両足を伸ばした状態でできる限り足を上に引き上げます。

02 息を吐きながら足を戻す

息を吐きながらゆっくり足を元に戻し、床ギリギリで止めます。1〜2の動作を繰り返します。

詳細は ≫ **P46**

90度クランチ

1セット	30回	ここに効く!
		お腹全体

トレーニングも残すところあと2日。辛くなったら、理想の自分をイメージしながら頑張ろう!

01 足を90度に曲げて宙に浮かせる

仰向けになって両手を頭の後ろで組みます。
足は90度に曲げた状態で宙に浮かせます。

90度

check!

両足は動かさずキープ。

上体
起こしを
30回

02 体を丸めてヒジとヒザを近づける

おへそを見るような感じで体を丸めて、息を吐きながらヒジをヒザに近づけます。できるところまでゆっくりと体を戻します。

6日目 ②

3セット	30秒

ここに効く!
くびれ　お腹

プランクツイスト

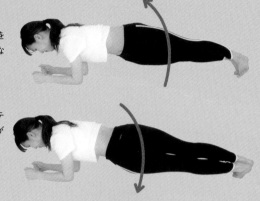

01 体を一直線の状態にする

うつぶせの状態で腕を曲げて両ヒジを床につき、頭から足までが一直線になるように足を伸ばします。

02 腰を左右にひねる

1の状態を保ったまま、腰を左右にテンポよくひねります。そのときお尻が下がらないように注意します。

詳細は ≫ **P48**

6日目 ③

左右あわせて	40回

ここに効く!
くびれ

チョンチョン

01 足を軽く浮かせて両手で床にタッチ

床に座った状態で、両足を曲げて浮かせ、体をひねって両手で床に軽くタッチします。

02 体をひねりながら床にタッチ

両足を浮かせたまま、体をひねって反対側の床にもタッチ。1〜2をテンポよく繰り返します。

詳細は ≫ **P53**

8〜10日目トレーニング

1〜7日目のお腹やせコース、お疲れさまでした！
もう少しお腹やせコースをやってみたいという方は＋3日のチャレンジで
さらにお腹を引き締めよう！

10日目

レッグレイズ

1セット
20回

詳細は ≫ P46

チョンチョン

左右あわせて
40回

体の軸がブレないように！

詳細は ≫ P53

90度クランチ

1セット
40回

詳細は ≫ P58

9日目

バイシクルクランチ

左右あわせて
40回

詳細は ≫ P42

リバースクランチ

1セット
40回

詳細は ≫ P44

カエル足クランチ

1セット
40回

おへそをのぞくイメージで！

詳細は ≫ P56

8日目

プランク

3セット
30秒

体を一直線にしてキープ！

詳細は ≫ P54

ニートゥー

1セット
40回

詳細は ≫ P50

足浮かせクロス

3セット
30秒

詳細は ≫ P52

\ 生理中にできる /
簡単ストレッチ

生理中になにかしたいという方のために私が普段、生理期間にしているストレッチを紹介します。おだやかな動きなので、体への負担も少なめです。

01 お尻と股関節の柔軟ストレッチ

息を吐きながら、もも裏に張りを感じるくらいまでをかかえて胸に近づけます。これを左右 30 秒ずつ行います。

左右
30秒
ずつ

02 腕回しストレッチ

横向きに寝た状態で、右手を横に伸ばし、左ひざを曲げてクロスします。下半身が動かないように鎖骨から後ろ回しに腕を大きく回します。左右の向きを変えて反対側も同様に。

左右
20秒
ずつ

二の腕やせと背中やせは、肩まわりのトレーニングで
両方を実現できます。さらに上半身の血行がよくなり、
顔まわりがスッキリします。体の軸をしっかり保って、
効かせたいところに意識を集中させましょう。

スタイルがよくなる
コースです。回数よ
りも、ひとつひとつ
の動きを丁寧にする
ことが大切！

二の腕・背中やせ1週間メニュー

4日目	**3日目**	**2日目**	**1日目**
肩回し左右 ぐるぐる 			
 ≫P78	バンザイ  ≫P74	胸前ヒジタッチ  ≫P70	腕引き寄せ  ≫P66
腕引き寄せ もう いちど  ≫P66			
腕曲げ伸ばし もう いちど  ≫P72	ヒジ固定で腕開閉  ≫P76	腕曲げ伸ばし  ≫P72	手をあわせて こんにちは！  ≫P68

PART 3

二の腕・背中やせ

もっと頑張りたい
あなたへ!

+3日間プログラム

8日目
〜
10日目

≫P88

二の腕・背中コースを終えてさらに鍛えたい方へ向けたのコースです。

7日目

腰に手を置いて開く

≫P84

ヒジ固定で腕開閉 もういちど

≫P76

ペンギン寸止めハイタッチ もういちど

≫P80

6日目

後ろで手繋ぎヒジ打ち

≫P82

バンザイ もういちど

≫P74

肩回し左右ぐるぐる もういちど

≫P78

5日目

ペンギン寸止めハイタッチ

≫P80

手をあわせてこんにちは! もういちど

≫P68

胸前ヒジタッチ もういちど

≫P70

腕引き寄せ

1セット 30回

ここに効く！
背中

01 **あぐらで腕を
前に伸ばす**

座った状態で、両腕を
前方斜め下にまっすぐ
伸ばします。そのとき
手のひらは内側に向け
て開きます。

✦トレぴなPoint✦

メリハリをつけて動かせればGOOD！
胸を張って上体がブレないように注意しながら
やっていってね！

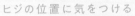

ヒジを引いたとき、肩が上
がってしまったり、ヒジが外
に向いたりしないように。

二の腕・背中やせ

1日目

両腕をグッと引き寄せる

左右の肩甲骨を寄せるイメージで、両腕
をグッと後ろに引き寄せます。十分に引
き寄せたら腕を前に伸ばして元に戻りま
す。1〜2を30回繰り返します。

胸前ヒジタッチ

左右あわせて 30回

ここに効く!
背中　二の腕　胸

01 腕を締めてヒジをあわせる

腕を直角に曲げて、右ヒジで左ヒジの少し上を軽くタッチします。

脇を締めてヒジ上をタッチしていくよ！
タッチする瞬間に息をフッと吐いてね！　頭の上から
糸でつるされてるイメージで姿勢よく胸を張ろう！

左右
30回

二の腕・背中やせ　2日目

腕を閉じてヒジをタッチ

タッチしたら腕を開いて上下を少しずらしてタッチし
ます。1～2の動作を繰り返します。

バンザイ

1セット	30回

ここに効く！
背中　二の腕

01　バンザイの姿勢でスタンバイ

胸を開き、手を上に大きく上げてスタンバイ。このとき手のひらは開いた状態で前向き。

check!

胸を張って姿勢のよい
状態でおこなう。

トレぴなPoint

常に姿勢よく頭から糸でつるされているようなイメージで。腕をまっすぐ上に上げたら脇を締めて腕を曲げて、ヒジの位置は体よりも少し後ろにしてね！

02 腕を曲げながら引き寄せる

腕を曲げながら引き寄せ、体の横で止めます。このとき手はこぶしを握った状態に。

check!

肩甲骨をグッと引き寄せることを意識する。

二の腕・背中やせ

3日目

肩回し左右ぐるぐる

1セット	30秒

ここに効く！
背中　胸　首　肩

前後に
15秒ずつ

check !

大きくゆっくり動かすの
を意識。

両ヒジで円を描く

両腕を曲げて肩に軽く手を置きます。
胸を大きく張ってヒジでゆっくり大き
く円を描くように腕を回します。回す
向きは15秒ごとに変えましょう。

\ ぽっこりお腹解消! /
ドローイング

日常、歩いているとき、立っているときもトレーニングにしてしまいましょう。
ドローイングの姿勢をしたときに力が入り、意識するのと同じ部位を普段から意識し
ておくだけでOKです。

ドローイングの正しい姿勢

足はこぶし1個分広げた状態で立ち、両手を頭の上でクロスして手のひらをあわせます。足元から手先が離れていくように、上に伸びをし、骨盤と肋骨の距離を広げます。

ドローイングとは

お腹まわりを鍛えるトレーニングで、腹式呼吸が重要です。鼻呼吸で吸いながら、お腹に空気を入れて、吐くときも鼻呼吸をしながらへこませます。

Point
正しい姿勢を常に意識する

骨盤と肋骨距離を広げた状態で正しい状態です。

Point
骨盤を意識してへこませる

へそが前に押し出されないようにリラックスし、お腹を背骨に近づけるように意識。反り腰にならないように注意。

腕を下げても、
体の意識や力の入り方を
変えずに過ごそう!

小顔ですっきりしたフェイスラインを作る
トレーニング＆マッサージです。
キツくても笑顔を作りながらおこないましょう。
マッサージをするときは、まさつ防止のための
美容クリームや乳液を忘れずに。

どこでも簡単にでき
るので、ちょっとし
た空き時間や、マス
クの下でもやってみ
ましょう！

顔やせ1週間メニュー

4日目	**3**日目	**2**日目	**1**日目
耳回し			

≫P96

舌ぐるぐる もういちど	空に向かって 泣きべそ赤ちゃん	チューキス	トントンタップ

≫P91

≫P94

≫P92

≫P90

頬4回タップ もういちど	胸鎖乳突筋 マッサージ	頬4回タップ	舌ぐるぐる

≫P93

≫P95

≫P93

≫P91

PART 4

顔やせ

もっと頑張りたい
あなたへ！

+3日間プログラム

8日目

〜

10日目

一週間が終わり、顔をさらにスッキリとさせたい方へ向けたコースです。

≫P104

7日目

交互頬膨らまし

≫P102

胸鎖乳突筋マッサージ

もういちど

≫P95

いういう

もういちど

≫P98

6日目

顎下〜耳下マッサージ

≫P100

チューキッス

もういちど

≫P92

耳回し

もういちど

≫P96

5日目

いういう

≫P98

トントンタップ

もういちど

≫P90

空に向かって泣きべそ赤ちゃん

もういちど

≫P94

トントン
タップ

左右 あわせて	30秒

ここに効く！
たるみ　頬　フェイスライン

左右タップを
30秒

check!
口をしっかり閉じた
状態でおこなう。

トントンッ

トントンッ

舌先で頬の内側をタップ

口を閉じて少し頬を膨らまして、舌の先で頬の内側を
右左交互に「トントン」と2回ずつタップします。

舌
ぐるぐる

左右それぞれ	30秒ずつ

<table>
<tr><td colspan="2">ここに効く!</td></tr>
<tr><td>たるみ</td><td>二重アゴ</td></tr>
</table>

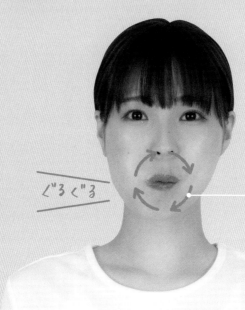

check!
遠くをなぞる感じで
回す。

ぐるぐる

口の中で舌を回す

口を閉じた状態で、舌をぐるぐると円の形に回します。
30秒回したら、今度は反対向きに回します。

空に向かって
泣きべそ赤ちゃん

2セット | **30秒**

ここに効く!

| たるみ | フェイスライン |
| 二重アゴ | 首　肩まわり |

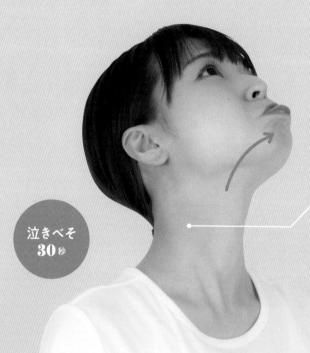

check!

首筋が引っ張られてい
る感じがあれば完璧。

泣きべそ
30 秒

上を向いて下唇を突き出す

赤ちゃんの泣き顔をイメージしながら、上を向いて下唇を突き出し、
元に戻します。これをテンポよく繰り返します。

胸鎖乳突筋 マッサージ

左右それぞれ **30秒ずつ**

ここに効く！
たるみ　フェイスライン　首　肩まわり

顔やせ 3日目

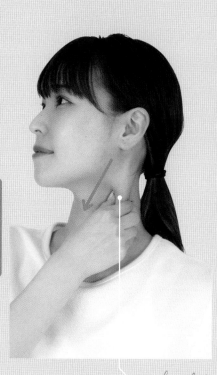

check!
イタ気持ちいいぐらい
の力で。

首の筋肉をつまんでほぐす

横を向いたときにボコッと浮き出る首の
筋肉を、やさしくつまんで上から下へほ
ぐしていきます。一通りマッサージした
ら反対側の首も同様に。

耳回し

前後 それぞれ	20周ずつ

ここに効く！

たるみ	頬	フェイスライン

20周ずつ

check!
強くつかまない。

耳をぐるぐる回す

両方の耳をやさしい力でつかんで、ゆっくりと回していきます。20周したら逆方向にも回します。

左右 それぞれ	30秒ずつ
ここに効く!	
たるみ　二重アゴ	

舌ぐるぐる

口の中で舌を回す

口を閉じた状態で、舌をぐるぐると円の形に回します。30秒回したら、今度は反対向きに回します。

詳細は ≫ **P91**

---

4 日目 ③

左右 あわせて	30秒
ここに効く!	
たるみ　頬　フェイスライン	

顔やせ
4日目

頬4回タップ

交互に4回ずつ頬を膨らます

口を閉じて少し頬を膨らませ、舌の先で頬の内側を左右交互に4回ずつタップを繰り返します。

トントンッ

詳細は ≫ **P93**

顎下〜耳下 マッサージ

左右それぞれ	30秒ずつ

ここに効く！
たるみ　フェイスライン　首

check!
指を曲げて関節を骨に
そわせる。

2本の指を揃えてマッサージ

顎の下から耳の下にかけて、フェイスラインの角の下あたりを、曲げた2本の指でやさしくマッサージします。上に引き上げるイメージで行うと効果的です。

ここに効く！
たるみ　頬　フェイスライン

チューキッス

チューの形で口を突き出す

唇を突き出しチューの形を作ります。
次に口角を上げる感じで、唇の端を左
右に引き寄せます。これを交互に繰り
返します。

詳細は ≫ P92

6日目③

| 前後それぞれ | 20周ずつ |

ここに効く！
たるみ　頬　フェイスライン

顔やせ
6日目

耳回し

耳をぐるぐる回す

両方の耳をやさしい力でつかんで、
ゆっくりと回していきます。20周し
たら逆方向にも回します。

詳細は ≫ P96

8〜10日目トレーニング

顔やせには日々の積み重ねが必要不可欠です。
ここでもうひと頑張りすることで、今の自分よりもさらにすてきな自分に生まれ変われると思います。
是非チャレンジしてみてください！

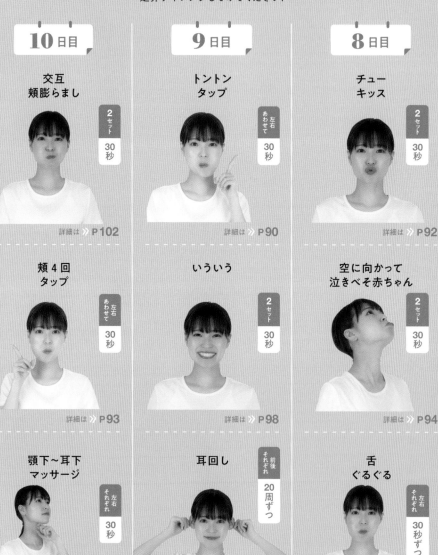

10日目

交互
頬膨らまし

2セット 30秒

詳細は ≫ P102

頬4回
タップ

左右あわせて 30秒

詳細は ≫ P93

顎下〜耳下
マッサージ

左右それぞれ 30秒

詳細は ≫ P100

9日目

トントン
タップ

左右あわせて 30秒

詳細は ≫ P90

いういう

2セット 30秒

詳細は ≫ P98

耳回し

前後それぞれ 20周ずつ

詳細は ≫ P96

8日目

チュー
キッス

2セット 30秒

詳細は ≫ P92

空に向かって
泣きべそ赤ちゃん

2セット 30秒

詳細は ≫ P94

舌
ぐるぐる

左右それぞれ 30秒ずつ

詳細は ≫ P91

diet history

トレぴなダイエットの歴史

今は、自分に自信を持てるくらいになれたけど、昔は失敗と挫折の連続でした。
そんな私が歩んできた、ダイエットの歴史をみんなにお伝えしたいと思います!

ダイエットの失敗から学んだこと

トレぴなダイエットの歴史のスタートは「断食」でした! 始めてすぐの1日目や2日目は、体重がすぐに減ってすごくうれしくてダイエット余裕じゃんと思ってたんだけど、だんだんと空腹なのに食べられないことにイライラ。結局耐えきれず食べてしまい、我慢していたストレスで普段より食べちゃってリバウンドで失敗。

次にチャレンジしたのは「バナナだけダイエット」。最初は続けられるんだけど、数日後は不健康になり、便秘になって、お肌の調子も悪くなってもう最悪でした。ちゃんと我慢出来てるのにやせられないばかりか、体調も悪くなってしまって失敗。

その次にチャレンジしたのは「サプリだけダイエット」で、ビタミンやミネラルなどをサプリに頼りきっていました。もちろん成功せずにすぐ挫折してしまいました。そして次に挑戦したダイエットは「ストイックな運動」です。

当時、専門学校に通っていた私は実習や国家試験の勉強に追われてました。空いた時間に家で毎日筋トレを1時間、その後2時間ウォーキング。自分の生活との両立が難しく、これもすぐに失敗で終わりました。

どのダイエットも、続ければ効果はあったのかもしれません。だけど、やせるだけじゃなくてキレイにかわいくなりたいなら体重が減っても健康に見えないダイエットはよくないと思いました。

だから、見た目もキレイにやせるためには栄養ある食事を減らしてはいけなかったし、我慢してストレスを溜めるのもよくないと実感しました。

そこからは、食べないではなく、食べるものを意識してストレスを溜めずに何事も楽しく継続出来るように自分を褒めたり、幸せ言葉を意識するようになりました。

多くの失敗や挫折ができたからこそダイエットに成功出来る方法を見つけられました。

Before

48kg

体重も減ったけど、
見た目優先で頑張ったよ!

After

39kg

Q ダイエット中の生理期間……どう過ごしてますか？

A ストレッチで代謝を上げたり、白湯をこまめに飲むようにしています！

当たり前のことかもしれませんが、生理のときに体を冷やすのは絶対に NG です。そして、それはダイエット中も同じ。白湯で体を温めるように心がけつつ、経血が気になるのでトレーニングはお休みして、負担が少なくあまり体を動かさないストレッチをできるときだけしているよ。

Q 3日坊主で続かない自分が嫌です‥どうしたら良いですか？

A 何事もポジティブに考えるのが大切！

3日続けられたことがまず、すごいことだと思う！ 自分を責める必要なんて全然ないです。3日坊主したら、1日休んでもう1回3日坊主してみたらどう？ 3日続けられるなら大丈夫、自分を褒めてあげて。

Q モチベーションの
保ち方はどうしてますか?

A 高すぎない目標を
立てることを
大事にしています!

例えば、「週3回だけ腹筋を頑張る!」くらいの内容です(笑)。全力で頑張りすぎて疲れちゃうよりかは、楽しく継続することが1番。いつも努力してる自分をどんどん褒めて気持ちも高めていきましょう~!

Q 食欲を抑えたいときは
どうしてますか??

A まずはしっかり
よく噛んで食べる!

咀嚼回数が増えると満腹感を感じやすいよです。そして、大切なのがストイックな食事制限をしないこと。食べても太りにくい「やせ体質」を作るためには、栄養バランスがとれた食事をすることが大事!

おわりに

頑張る自分をもっともっと好きになろう！

数あるダイエット本の中からこの本を選んでくれて、ありがとうございます。本当にうれしいです……!!

私は約10ヶ月かけて、マイナス9kgのダイエットに成功しました。

それまでに失敗や挫折も繰り返したので、ペースは遅かったかもしれません。

けれど、たくさん回り道をしたからこそ、より楽しくダイエットする方法をみなさんにシェアできるようになったと思っています。

ダイエットにおいて1番大切なこと……、それは「自分を褒める」だと思います。だって、自分磨きをすることは当たり前じゃないし、サボろうと思えばいくらでもサボれますよね。

でも、そんな甘えたい気持ちに打ち勝って、今日も努力を重ねてるみ

みんなはひとりじゃない
最高の仲間と一緒に
頑張ろう！

トレぴな◡̈

んなは本当にすごい！　最初は３日坊主でもよい！　一歩踏み出して少

しでも努力したことが本当に大切で、いつか必ず自分の自信と結果になっ

て返ってくるはずです。

「ダイエットも楽しんだもん勝ち」

みんなはひとりじゃないし、一緒に頑張って励まし合ってくれる最高

の仲間が、トレぴなダイエットにはたくさんいるよ!!

これからも一緒に頑張る今を ｅｎｊｏｙ していこうね！

profile

トレぴな

ダイエットを何度も失敗した経験からみんなには楽しく成功して欲しいと思い、YouTube「トレぴな【脱ムチ子】」チャンネルを開設。現在登録者数は57万人を突破し、SNS総フォロワーは約110万人（2023年4月時点）。見た目やせをモットーに部位ごとにやせるトレーニングメニューをYouTubeに投稿している。

Instagram	@pina.diet
Twitter	@torepina_diet
TikToc	@pina.diet
YouTube	トレぴな【脱ムチコ】

玉置　達彦（たまき　たつひこ）

芸能人やインフルエンサーも多く通うパーソナルトレーニングジム「STELLA GYM」を運営。自重をメインにした自然なトレーニングにより、"加齢と重力に負けない体"を実現する女性のボディメイクを得意としている。

Instagram	@tamaki_stellagym
Twitter	@tamaki1stella
HP	https://tstars.jp

二の腕・お腹・足！
やせて見えるところだけ！超集中ダイエット

2023年 5月31日　初版発行

著者／トレぴな
監修／玉置　達彦

発行者／山下　直久

発行／株式会社KADOKAWA
〒102-8177　東京都千代田区富士見2-13-3
電話　0570-002-301（ナビダイヤル）

印刷所／凸版印刷株式会社

製本所／凸版印刷株式会社